はじめに

コロナウイルス対策もできない現行憲法

百地　章

令和元年十二月、中国武漢市で発生した新型コロナウイルスは猖獗《しょうけつ》をきわめ、世界的なパンデミック（大流行）をもたらしました。現時点（九月十八日）で、世界全体の感染者数が約三千万人、死者が約五十万人です。

欧米各国は厳しく対応

イタリア、アメリカ、フランスなどの欧米諸国が感染の拡大を阻止するためにとった措置は極めて厳しいものでした。これらの国々では、憲法で国民の人権を手厚く保障しています。ところが、いざ国家的な緊急事態に遭遇するや、速やかに危機を乗り越え、より多くの国民の命や安全を守るために、一時的に人権の制限を行いました。（注）

例えば、イタリアでは憲法の緊急事態条項に基づき、次々と「緊急命令」が発せられました。まず、「都市間の移動の禁止」や「商業活動の禁止」が命ぜられ、続いて「外出の制限」や「営業の停止」が行われ、違反者には最高約三十七万円の罰金が科せられました。

アメリカでは憲法上（解釈上）、大統領に強力な緊急措置権が認められていますが、今回、トランプ大統領は「国家緊急事態法」に基づいて「国家緊急事態」を宣言し、巨額の財政出動を行いました。他方、各州知事は州法に基づいて「緊急事態宣言」を行い、「営業の禁止」等の強制措置をとっています。

さらに、フランスでも憲法に基づき大統領には強大な緊急措置権が認められていますが、今回、政府は公衆衛生法に基づく政令等によって「外出の原則禁止」や「店舗の一時閉鎖」を命じました。そして違反者には約九万円から約四十六万円の罰金が科せられました。

わが国の対応は極めて緩やか

これに対して、わが国でとられた緊急措置は、改正新型インフルエンザ等対策特別措置法に基づく緩やかなものでした。

この特措法に基づいて四月七日、首相により七都府県に対して「緊急事態宣言」が発せられ、その後、各県の知事らによって様々な緊急措置がとられました。

まずとられたのが、外出やイベントの「自粛要請」で、その後、商業施設などに対して「休業要請」がなされました。しかし、これらはいずれも「命令」ではないため、強制力も罰則もありません。そのため、知事らの度重なる「要請」を無視して強行された格闘技の大型イベントなどもありましたし、休業要請に応じない店もありました。

このように、わが国では欧米各国のように罰則付きで「外出」を「禁止」したり「店舗の閉鎖」

を命じたりすることができません。

確かに「国民性」の違いもありますから、欧米各国と同様、直ちに厳しい措置をとる必要があるかどうかは疑問です。わが国では「外出の自粛要請」だけで、大多数の国民は外出を自粛しているからです。

しかし万一、感染が爆発した場合には、強制的に外出や営業を「禁止」しなければならないこともあるのではないでしょうか。

ただ、それだけなら特措法を改正すれば可能です。しかし、法律だけで大丈夫でしょうか。

なぜ憲法に緊急事態条項が必要か

緊急事態条項に反対する人々は、すべて法律で対応できると主張しますが、本当でしょうか。それに、緊急時における例外的な権力の行使や憲法で保障された人権の制限をすべて法律で行ってしまうのは、憲法を蹂躙《じゅうりん》するものであり、立憲主義に反します。

そこで、なぜ法律でなく憲法に緊急事態条項を書き込む必要があるのか、具体的に考えてみましょう。

第一は、法律を制定したくても国会が集会できない時のために、「定足数の例外」や「緊急命令（政令）制度」などを定めておくためです。

「憲法には緊急事態条項など不要であり、法律で対応すればよい」と主張する人たちは、もし首都直下型大地震や南海トラフ巨大地震が起こったり、毒性の強い感染症がまん延したりして国会が集会できない場合には、どうすれば良いというのでしょうか。

国会の定足数は憲法で総議員の三分の一と定められていますから、法律では変更できません。また、国会が集会できない時、一時的に国会に代わって内閣が緊急政令を制定し、危機を乗り切った後で速やかに国会の承認を求める「緊急政令」を採用することも考えるべきでしょう。

この緊急政令は、反対派がいうように、政府が議会から立法権を奪い取るものではありません。議会が本来果たすべき役割が果たせない時のために、一時的に立法権を政府に委ねているだけです。しかも国会による事後的コントロールが確保できるようになっています。

ですから今日でも、先に述べたイタリアやオーストリア、スペイン、台湾などは緊急命令制度を採用しています。

第二に、憲法に定めておくしかないのが国会議員の任期の特例です。

例えば衆議院の解散中や衆参両院議員の任期満了前に大規模地震や感染症のパンデミックが発生して、総選挙や通常選挙を実施できない場合は、どうすれば良いでしょうか。

この点、地方議員の任期は、法律で特例が定められます。しかし、国会議員の任期は憲法で規定されており、法律で特例を認めることはできません。だから憲法に特例を定めておく必要があります。

「独裁」と異なる緊急事態条項を

第三に、現在でも法律には緊急事態規定があるものの、いざという時に憲法違反の疑いが指摘されないよう、憲法に根拠規定を置いておくためです。

例えば、「災害対策基本法」にある大規模自然災害発生時の「生活必需物資の取引制限」や膨大な「ガレキの処理」のため、一時的に必要最小限度の権利の制限ができるよう、憲法にも根拠規定を置くのです。そうすれば、躊躇《ちゅうちょ》することなく石油の買占めを禁止することもできます。

また、東日本大震災の折には、ガレキを処分するためでさえ所有者の同意が必要とされ、憲法で定める「財産権の不可侵」がネックとなりました。しかし、憲法に根拠規定を置けば、緊急道路を通すため、速やかにガレキの処理を行うことも可能となるでしょう。

さらに、今回以上に毒性と伝染力の強い感染症が発生しまん延した場合に備えて、強制的に「外出禁止命令」を出すことができるよう特措法に例外規定を置く際は、憲法にも根拠規定を明記しておくべきです。

これなら、戦前のドイツや現在のフランスの大統領のような「独裁的権力の行使」とは無縁ですから、国民の支持も得られやすいのではないでしょうか。

ちなみに、各種世論調査でも緊急事態条項を支持する国民は多く、共同通信（四月二十九日）で五十一％（反対は四十七％）、毎日（五月三日）で四十五％（反対十四％）、ＴＢＳ（五月十日）で五十五％（反対三十三％）、産経・ＦＮＮ（五月十二日）で六十五・六％（反対二十五・五％）が賛成しています。

（注）井田敦彦「COVID—19と緊急事態宣言・行動規制措置」『調査と情報』第一一〇〇号

知っておきたい東日本大震災の教訓

見送られた「災害緊急事態宣言」と震災関連死

東日本大震災の震災関連死

１３２４名

震災関連死は現在まで約３４００名が報告されていますが、この数字は発災後３ヶ月の関連死を例示しています。

◎震災関連死の主な理由

各自治体から復興庁に報告された震災関連死の理由のうち、食料や燃料不足、道路の決壊などによる理由が全体の４割を占めています。

理由①	病院機能停止による治療の遅れ・悪化 （病院の孤立、電気・水道・食料の不足など）	２０％
理由②	交通事情による治療の遅れ・疲労 （ガソリン不足、道路決壊、長時間待機や移動など）	２２％
理由③	避難所の劣悪な環境による疲労 （冷たい床に毛布１枚、濡れた衣服のまま４日間など）	３３％

「病院が７日間孤立し、電気、水道、食料、着替えの衣服がなかった」「救急車を呼んだが、ガソリンがなく自力で運ぶよう要請があった」「介護施設で、停電のため透析を受けられなかった」「ガソリンがなく病院に行けなかった」

（復興庁の震災関連死に関する報告〈平成24年8月〉より）

どう守る？ 国民のいのちと暮らし

地震大国ニッポン！

３０年以内に７０％の確率で巨大地震が！

◎近年発生が想定される巨大地震の被害規模　（内閣府中央防災会議資料より）

想定地震等	死者・行方不明者	全壊・燃失家屋	被害額
東日本大震災	２万人	１３万戸	１６．９兆円
首都直下型地震	２．３万人	２５万～６１万戸	９５．３兆円
南海トラフ地震	３２．３万人	９４万～２３９万戸	２２０．３兆円

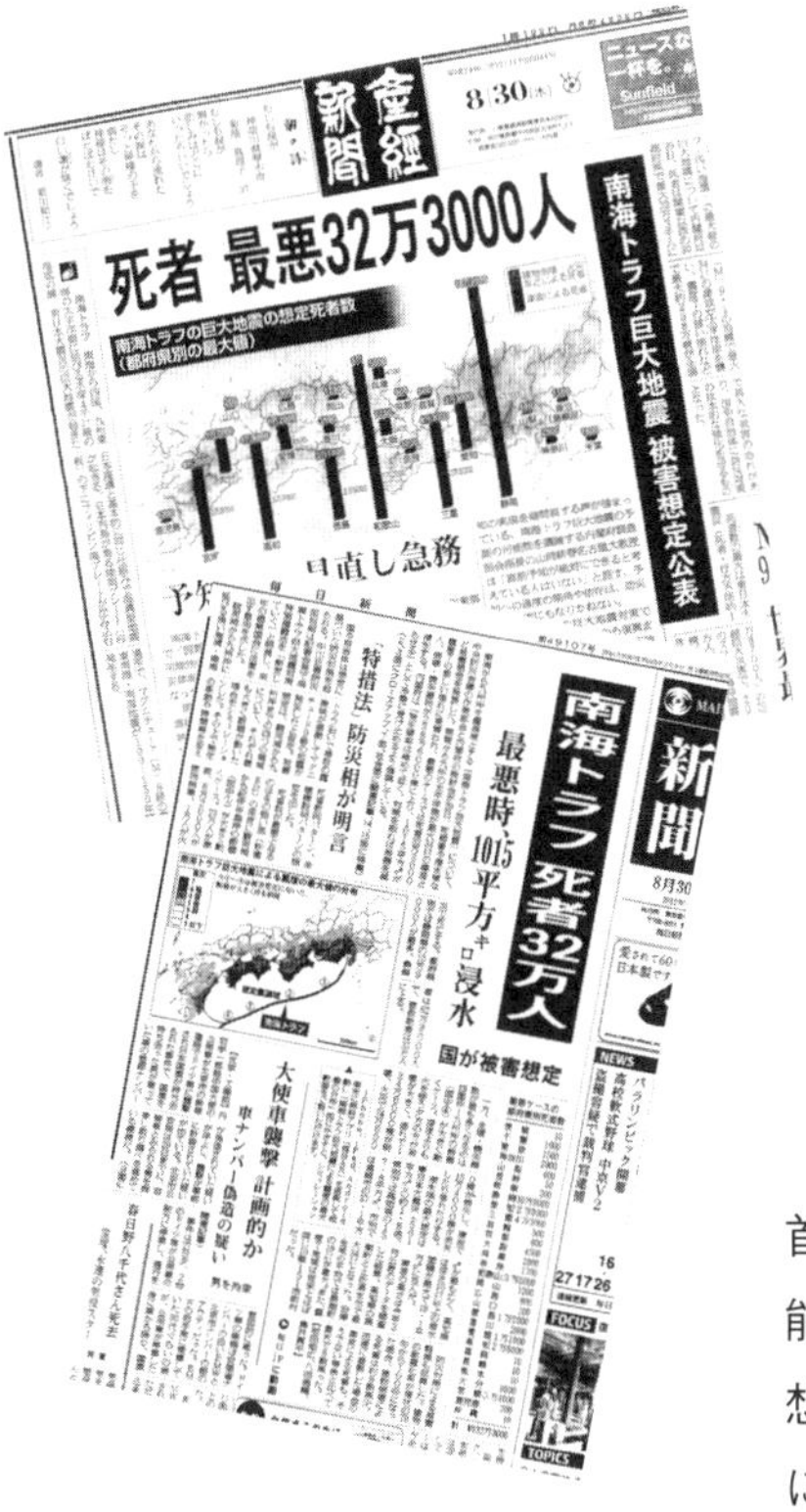

産経新聞

南海トラフ巨大地震 被害想定公表

死者 最悪32万3000人

南海トラフの巨大地震の想定死者数（都府県別の最大値）

見直し急務

毎日新聞

南海トラフ 死者32万人

最悪時1015平方キロ浸水

国が被害想定

「特措法」防災相が明言

◎南海トラフ地震の主な県別死者予想数

県名	死者数	県名	死者数
静岡県	109,000	香川県	3,500
和歌山県	80,000	神奈川県	2,900
高知県	49,000	奈良県	1,700
三重県	43,000	千葉県	1,600
宮崎県	42,000	東京都	1,500
徳島県	31,000	岡山県	1,200
愛知県	23,000	鹿児島県	1,200
大分県	17,000	京都府	900
愛媛県	12,000	広島県	800
大阪府	7,700	滋賀県	500
兵庫県	5,800	山梨県	400

（「内閣府　南海トラフ巨大地震の被害想定」より）

首都直下型地震では、首都機能を喪失する可能性が指摘され、南海トラフ地震では、被害想定地域は東海から九州まで約700の市町村におよび、ともに国難ともいえる巨大地震がわが国を襲います。

増補改訂版　緊急事態条項Q&A　新型コロナウイルス対応でわかった日本国憲法の非常識

3　世界の憲法と「緊急事態条項」

4　憲法改正で次なる危機に備えよ

Q 1

そもそも「緊急事態条項」とは何ですか？　また、なぜ「緊急事態条項」が必要なのでしょうか？

A

緊急事態条項は、感染症のまん延や大地震などで国が危機にさらされた時、国と国民の生命を守るための制度です。

緊急事態といっても、感染症のまん延や大地震、火山の噴火、大津波、土砂災害などの自然災害、連続テロ、さらにクーデターや外国からの武力攻撃など、色々あります。

これらの中には、普通の法律で対処できる小規模な緊急事態もあれば、国が総力をあげて取り組まなければ解決できない国家的な緊急事態もあります。「緊急事態条項」によって解決しようとしているのは、「国家的な緊急事態」のことです。

国家的な緊急事態のうち、今急がなければばならないのは大規模自然災害や毒性と感染力の強い感染症のまん延です。

「緊急事態条項」は、このような緊急事態の発生によって、国家が危機にさらされた時、速やかに危機を克服し、国と国民の生命を守るために、一時的に行使される国の権限を定めるものです。

つまり、緊急事態条項の目的は、国家的な緊急事態において、国家（国民共同体としての国家）の存立を確保し、憲法秩序を維持することによって、国民の生命と安全を守ることにあります。それ故、立憲主義国家においては、緊急事態条項は不可欠です。

なぜなら憲法は本来、「平時」つまり平和でノーマルな状況を前提にしてつくられていますから、そのままでは危機に対処することができないからです。**「緊急時」には、速やかに危機を克服し国民を守るために、「特別なルール」**が必要です。

これを交通ルールに例えてみましょう。普段（平時）は、一般車や歩行者は信号に従って交差点を渡ります。しかし「緊急時」例えば事故や火災が発生した時は、パトカーや救急車、消防車などの緊急車両は、一般車や歩行者を一時ストップさせ、優先的に走行できます。つまり、通常とは異なる「特別のルール」に従って走行できます。このように**日常生活でさえ緊急時のため特別ルールを定めているというのに、わが国の憲法にはなぜ緊急事態のための特別規定がないのでしょうか。**

今は消防車が
優先なのよ。
わたら
ないの？
火事です！
歩行者は一時停止して
ください。
交差点に入ります。
車は道を譲ってください。
歩行者は止まってください。

Q2

大規模自然災害なら、わざわざ憲法に緊急事態条項を定めなくても、今ある「災害対策基本法」で対応できないのでしょうか？

A

東日本大震災の時も、災害対策基本法では対処できませんでした。やはり、憲法の中に、緊急時のための規定を定めておく必要があります。

災害対策基本法では、東日本大震災のような大規模な災害が発生し、国の経済や公共の福祉に重大な影響を及ぼすような場合には、「災害緊急事態」を布告できることになっています（百五条）。これを布告するということは、政府が国民全体に「今が国の一大事ですよ」と表明することです。**「災害緊急事態」が布告されると、政府は「緊急政令」を制定し、ガソリンや水・食糧などの生活必需物資の配給や、取引の制限・禁止、価格の統制、金銭債務の支払いの延期（モ**

ラトリアム）などの緊急措置が実施できることになっています（百九条一項）。

しかし、当時の菅直人《かんなおと》内閣は「災害緊急事態の布告」を行わず、「緊急政令」も制定しませんでした。そして、菅首相は当時を振り返り、「生活必需物資の統制など必要なかった」と言っています。しかしながら、実際には震災直後に現地ではガソリンが不足したため、被災者や生活必需物資が輸送できなかったりしています。そのため、助かるはずの多くの命が助かりませんでした。

当時の政府の対応を擁護する意見として「『物資の統制』等を行うために政府が『緊急政令』を発することができるのは、国会が集会できない時に限られている（百九条一項）。しかし、当時は国会が開かれていたから、『緊急政令』を出すことはできなかった」という意見がありま す。

ただ、それは形式的な理由で、本当の理由は別にあると思われます。なぜなら、「災害緊急事態の布告」は国会の開会中でもできるからです。「災害緊急事態の布告」や「物資の統制」を行わなかった理由について、政府の役人は次のように答弁しています。「〔それらは〕国民の権利義務を大きく規制する非常に強い措置であり、適切な判断が必要であった」（注）。つまり、**法律では明確に「権利・自由の制限」が認められているにもかかわらず、憲法上の根拠規定が存在しないため、そう簡単に権利や自由の制限を行うことなどできない**、というわけでしょう。

しかし、国民の生命や安全が重大な危機に脅かされているという時に、憲法に緊急事態条項が存在しないからといって、国は何もしないで手をこまねいていても良いのでしょうか。

それゆえ、**抜本的な解決のためには、やはり憲法の中に緊急時のための規定を設けておくしかありません。**

（注）参議院予算委員会会議録第七号（平成二十三年三月二十二日）八頁

千人以上⁉
そんなに
亡くなったの⁉
はい。ここまで来ると震災ではなく「人災」と言いたいくらいですよ！
なぜなら、時の民主党政権は「災害対策基本法」に基づく「災害緊急事態」を布告しませんでした！
「災害緊急事態」を布告する、という事は、つまり首相が「今は国の一大事です」と国民に広く知らせることです。
これを布告すれば、一時的に被災地に優先的にガソリンなどが届くように被災地以外のガソリンの供給を制限したり、国は業者に被災地に物資を運ぶよう「お願い」ではなく「命令」出来たのです。（※）
どうしよう…？布告すべきかな？でも…
しかし、当時の菅《かん》首相は「災害緊急事態」を布告しませんでした。
福島第一原発
原発怖い！行きたくない！
業者
助けて！
被災者
そのため、原発付近に物資を運ぶ業者は少なく、震災関連死の数も福島県が最も多かったのです。
当時、被災地以外では、ガソリンを買いだめする人もいたわよね。
そうそう。なんか申し訳ないわ。

※正確に言うと、この命令は「国会の閉会中」という条件付です。当時、国会が開会していましたので「災害緊急事態」を布告しただけでは「命令」は出せませんが、そもそも布告しなかったことが問題です。さらに当時の政府は国会が開会中にも関わらず被災者救済の法律を制定しませんでした。

※「災害緊急事態の布告」…「災害対策基本法」（法律）の一〇五条に定められています。

ちょっと待って！
被災者も「国民」よね？
被災者が一番苦しんでる時に何を言ってるのよ！
仰るとおりです。
日本の憲法は緊急事態について何も定められていません。
だから、政権や首相が緊急時にどうしたらよいか分からず、判断に迷うのです。
世界で緊急事態規定のない国など、ほとんどありません！
憲法に緊急時の規定がない影響はとても大きく、
あらゆる救助活動において、憲法が大きな壁となっています。

東日本大震災のとき、ガレキは「個人の所有物」が流されたものであり、それを勝手に処分すれば憲法の「財産権」を侵害することになりかねないということで、ガレキ処理は遅々として進みませんでした。

また、大雪の被害の際、自衛隊員は道をふさぐ自動車さえ憲法の「財産権」の影響で勝手に動かすことが出来ず救出活動に多大な影響が出ました。

緊急時に「財産権」って…命がかかってるのよ？信じられないわ…

日本ってもっとしっかりした国だと思っていたのに…。

大地震が発生して国会が開けなかったら、被災者を救うための法律さえ制定できません。

政府の発表によると、今の状態で「首都直下型地震」が起これば、最悪の場合、死者は約２万３千人。「南海トラフ巨大地震」は、最大で約32万３千人の死者が出ると言われています。もし、首都直下型地震などが起きたら、日本は大混乱となるに違いありません。

もう、「想定外」では済まされないわ。

「災害は忘れた頃にやってくる」って、言うしねぇ。

だからこそ、緊急時にどうするのか、あらかじめ憲法に定めなければ、国民の命は守れません。憲法に緊急事態条項つまり、「非常時のルール」を設けるのは喫緊の課題です。

Q3

現在の憲法でも、「参議院の緊急集会」が定められています。いざという時は、この緊急集会によって対処できるのではないでしょうか？　それとも他に良い方法が考えられますか？

A

もし、参議院の緊急集会さえ開けないような国家的な緊急事態が発生した場合にはどうしますか？　でも、「緊急政令」の制度があれば大丈夫です。

確かに、憲法には、衆議院が解散中で「国に緊急の必要があるときは、参議院の緊急集会を求めることができる」（憲法五十四条二項）と書かれています。しかしながら、**参議院の緊急集会は、もともと国の存立が危ぶまれるような「国家的な緊急事態」に対処することを想定したものではありません**。

この緊急集会は、衆議院が解散中に国会が何か急いで決めなくてはいけないことが起こった場合に備えたものにすぎません。実際に参議院の緊急集会が開かれた例としては、昭和二十七年の衆議院解散時に、国会が中央選挙管理委員会の委員を指名する必要があり、急遽、緊急集会が開かれたことがあります。

それでは、もし参議院の緊急集会さえ開けないような緊急事態、つまり先に述べたような国家的な緊急事態が発生した場合には、どうしたら良いのでしょうか。これに対する回答は、残念ながら反対派の人々から聞いたことがありません。

大正十二年の関東大震災の折には、東京市内（当時）の約四十四％が焼失してしまい、議会を開くことさえできませんでした。もし、首都直下型大地震が発生し、国会が集会できないような事態になった時には、参議院の緊急集会など何の役にも立ちません。

そこで**国会が集会できない緊急時のために、内閣による「緊急政令」の制度**が考えられます。

この「緊急政令」制度は、例えば大規模自然災害の発生や毒性の強い感染症のまん延によって国会が集会できない時に、内閣が一時的に国会に代わって「緊急政令」（法律に代わる命令）を発して危機を乗り切り、後日、国会の承認を求めるものです。

したがって、現在フランスの大統領に与えられている「独裁的権力」などとは全く異なります（Q11を参照）。それ故、緊急事態に迅速に対処して危機を克服し、しかも民主的コントロールを及ぼすことができる非常にわかりやすい制度ですから、戦前は、わが国も含め、多くの国々で採用されていました。現在でも、オーストリア、スペイン、イタリア、スウェーデン、台湾など各国で採用されています。（注）

このような緊急政令制度を憲法に定めておけば、参議院の緊急集会さえ開けない国家的緊急事態にも対処できることは間違いありません。

（注）明治憲法八条では緊急事態において、しかも「帝国議会閉会ノ場合」に限り緊急命令が認められていました。

Q4 緊急事態条項は、緊急権の濫用や独裁を招く恐れがあるといわれます。実際、戦前のドイツでは、ナチスが大統領の緊急権を濫用して独裁政治を行ったではないか、と批判されています。

A 緊急事態条項は今や世界中の憲法にあります。もし緊急事態条項があるだけで、権力の濫用や独裁が生じるのだとしたら、世界中で独裁が行われているはずです。

確かに、緊急権は「諸刃の剣」であるといわれます。つまり、本来は国家的危機を乗り切るためのものですが、逆にこれが濫用されたりして、「独裁」に繋がる恐れがないとはいえません。

しかし、**危機を乗り切り、国民の生命と安全を守るために最も効果的な制度ですから、今日、先進国で緊急権の認められていない国などありません**。一九九〇年以降に制定された一〇四か国の憲法にもすべて緊急事態条項が規定されています。（注1）

もし、緊急事態条項を採用しただけで独裁が誕生するとしたら、世界中で独裁が行われているはずです。しかし、先進国において、戦後、国家緊急権が濫用され独裁を招いた例など、果たしてあったでしょうか。

反対派が決まって引き合いに出すのが、戦前のドイツ大統領の緊急権です。旧ドイツ憲法(ワイマール憲法)の第四十八条は、ドイツ国内において、「公共の安全および秩序に著しい障害が生じ」たとき、大統領は「必要な措置」をとることができること、その際、大統領は、一時的に人身の自由、住居の不可侵、信書・郵便・電信電話の秘密、意見表明の自由、集会の権利、結社の権利、および所有権の保障の全部または一部を停止することができる、と定めていました(二項)。

このように、大統領には独裁的権力が与えられていましたが、それはあくまで「公共の安全と秩序を回復」するための「行政措置権」(行政権)にすぎず、「緊急命令権」(立法権)は含まれていませんでした。ところが、政府、裁判所、さらに憲法学者によって「行政措置権」の中には「緊急命令権」が含まれると解釈されるようになります。その結果、後に小党乱立のため議会が法律を制定することができなくなると、この大統領による緊急命令が議会の「法律」にとって代わることになりました。(注2)

これを利用したのがヒトラーです。ヒトラーは首相に就任するや、大統領の緊急権を利用して共産党員などを逮捕拘束しました。これは憲法を逸脱し、大統領の緊急権を濫用したものです。しかし、**いわゆるナチスの独裁はヒトラーが「全権委任法」を制定してワイマール憲法を崩壊させた後のことですから、大統領の緊急権とは別**です。

戦後、西ドイツはその反省に立って、より民主的で詳細な緊急事態条項を定めました。それが一九六八年の憲法改正によって採用された議会中心型の緊急権です。これは、Q10で紹介します。

(注1)西修『憲法の正論』
(注2)百地「カール・シュミットとヴァイマール大統領の『独裁』」『愛媛法学会雑誌』第一巻第二号

Q 5

明治憲法には「非常大権」「緊急勅令」「戒厳」などさまざまな緊急権が定められており、関東大震災の時に濫用されて、朝鮮人虐殺事件が惹き起こされたと聞きました。

A

確かに、明治憲法にはさまざまな緊急事態条項がありましたが、その中には一度も使われなかったものもあります。また、いわゆる「朝鮮人虐殺事件」と緊急事態条項は直接、関係がありません。

明治憲法では、天皇に「非常大権」（第三十一条）、「緊急勅令」（第八条）、「戒厳」（第十四条）、「緊急財政処分」（第七十条）が認められていましたが、「非常大権」は一度も行使されていません。「戒厳」も日清戦争や日露戦争の折、広島、佐世保等の軍港周辺などにおいて宣告されただけですし、日比谷焼打ち事件、関東大震災、二・二六事件の際には、警察力だけでは治安が維持できず、緊急命令によって「戒厳令」の一部が施行されましたが、濫用された様子はありません。また、緊急勅令は大正期の議院内閣制時代は本来の性格通り、帝国議会が集会できない折に発せられました。（注）

特に、**緊急勅令が効力を発揮したのは、大正十二年九月一日の関東大震災**でした。東京市内は壊滅状態になり、帝国議会も開けませんでしたが、山本権兵衛内閣は次々と緊急勅令を発しました。**これにより、被災者救済のため、食糧等の調達や物資の統制、物価高騰の取締り、債務の支払い猶予、被災者の一時的租税免除がなされ、大変な危機を乗り切ることができました。**この時発せられた緊急勅令は、一か月で十三本もありましたが、後に議会によって承認されています。

この混乱の中で、不幸にも「甘粕事件（大杉事件）」が発生してしまいましたが、「朝鮮人虐殺事件」については、明確な根拠もなしに、何千、何万人もの朝鮮人が虐殺されたなどといった、史実とかけ離れた話が横行しているようです（以下、工藤美代子『関東大震災「朝鮮人虐殺」の真実』による）。

関東大震災では、東京市内の四十四％が焼け落ち、大蔵省、文部省、外務省、警視庁なども焼失、死者・行方不明者は約十万五千人にのぼりました。

その混乱の中で、朝鮮人の独立運動家や社会主義者たちが一斉に放火、殺人、襲撃、テロを行いました。そこで混乱を収拾し治安秩序を回復するため、震災発生の翌日の九月二日、緊急勅令によって戒厳令の一部が施行されました。したがって戒厳令と「朝鮮人虐殺」とは直接関係がなく、むしろ治安を守り、民心を安定させるために貢献したのが戒厳令であって、美濃部達吉博士などもこれを肯定しています。

震災当日、東京と近県に住んでいた朝鮮人は約九千八百人で、そのうち約六千八百人が軍や警察によって保護されています。また、焼死者や行方不明者も二千八百人近くいたと考えられます。他方、朝鮮人による殺人や放火等が繰り返されたため、家族や町内を守るため自警団が組織され、内村鑑三博士なども夜警に立っています。殺傷事件等も生じましたが、これは正当防衛というべきものでした。その犠牲者は内務省の調べでは二百三十三人ですが、他方、過剰防衛で三百六十七人の日本人が起訴されています。

（注）大西芳雄「旧憲法下の国家緊急権」『憲法の基礎理論』

Q6 そもそも現行憲法に緊急事態条項がないのは、憲法制定過程において必要ないとされたからではないでしょうか？

A わが国は緊急事態条項の必要性を主張しましたが、GHQによって拒否されてしまいました。不要としたわけではありません。

昭和二十一年の憲法改正議会では、なぜ新憲法には緊急勅令のような規定がないのか、との質問がありました。これに対して、金森徳次郎憲法担当大臣は、次のように答えています。

「緊急勅令は行政当局にとって実に重宝なものだが、その反面、国民の意思を無視しうる制度である。そこで便利さを取るか民主政治の根本原則を尊重するか、という事になるが、いざという場合には臨時の議会を招集し、それができない時は参議院の緊急集会をもって対応すれば良いから、緊急勅令は不要である」
しかしながら、参議院の緊急集会は本来の意味の緊急権ではなく、緊急集会さえ開けないような国家的緊急事態には対応できないことは、Q3で説明したとおりです。

当時、わが国はGHQ（連合国軍総司令部）の占領下にあり、しかも新憲法の草案が占領軍によって強制されたものであることは公言できませんでした。それゆえ、金森大臣も本当のことは言えず、議会ではこのように答弁するしかなかったと思われます。

実は、**マッカーサー草案には緊急事態条項がなかったため、わが国政府は当初、内閣による「緊急政令」を主張し、その後も「緊急措置権」を書き込むよう何度も要請**しました。しかし**GHQ当局はこれを拒否**しました。その理由は、いざという時には、「必要の法」（不文の法）に従って緊急措置をとればよいということでした。しかし、成文法主義をとるわが国では、アメリカのように不文の法で対処することはできません。憲法の中に明確な根拠規定がなければ、緊急措置などとれないのです。そのような考え方の違いから、憲法には緊急事態条項が盛り込まれることはありませんでした。

このような経緯からわかることは、**わが国政府は緊急事態条項の必要性を認め、GHQも緊急権そのものを肯定**していたことです。決して否定したわけではありません。反対派は、平和憲法のもと、憲法自身が緊急権を積極的に否定したなどと言いますが（否定説）、むしろ、本来規定しておくべき緊急事態条項が、やむを得ない事情から規定できなかったとみる説（欠缺《けんけつ》説）の方が説得力があるのではないでしょうか。（注）

（注）百地「国家緊急権」ジュリスト『憲法の争点（新版）』

Q 7

憲法に緊急事態条項が定められたら、私たちの権利や個人の自由が脅かされると聞きました。これは人権を保障した現行憲法の精神に反しないでしょうか？

A

憲法解釈上、国家的な緊急事態における権利や自由の一時的制約は可能です。しかし、それはより多くの国民の命を守るために行うものです。

憲法によって保障された国民の権利・自由は、国政上、最大限尊重されなければなりません（十三条）。しかし同時に、憲法は全ての権利・自由が「公共の福祉」によって制限されうることを定めています（十二条、十三条）。それゆえ、現在の憲法の下でも、国の緊急時において、一時的に国民の権利や自由を制約することは、憲法解釈上は可能です。つまり、**国家的な緊急事態において、多くの国民の生命や安全が脅かされている時に、これを守るため、一時的に一部国民の財産権や職業選択の自由などの権利や自由が制限されることはやむを得ません。**

このことは、Q1で述べたように、火災や事故が発生した時、緊急車両が一般の歩行者や車をストップさせてでも現場に急行することができるのと同じです。もしそれが許されなければ、急いで消火活動をしたり、けが人を搬送することもできません。

このように、憲法解釈上は、緊急事態における権利や自由の一時的制約は可能であり、各種法律でも制限が認められています。しかし、憲法上の明示的な根拠規定が存在しないため、実際には、なかなかそれが実施できないことは、Q2で述べたとおりです。

東日本大震災の折には、生活必需物資の取引の統制ができなかっただけではありません。津波で流された家屋・家財などのガレキや自動車を速やかに除去し、緊急車両用の道路をつくろうとしたところ、憲法二十九条一項の「財産権の不可侵」がネックとなりました。財産の所有者の了解を得た上でなければ、勝手に除去することはできない、との反対があったからです。(注)

そのため、けが人や食料・医療品等の物資輸送のため、現場の判断で違法を覚悟の上、緊急道路をつくったところもありました(例　仙台建設業協会)。

このようなケースについても、憲法に緊急事態条項があれば、スムーズに解決したはずです。

(注) 百地「デマにさらされる緊急事態条項」『産経新聞』平成二十八年四月二十六日「正論」

緊急事態だから
一般車両はこちら側。
緊急車両が優先だよ!
ピーポーピーポー

Q8

緊急事態条項の創設は、「立憲主義の破壊だ」という声をよく耳にします。そもそも立憲主義とは何ですか？そして、緊急事態条項によって立憲主義は破壊されるのでしょうか？

A

「立憲主義」とは、「憲法に基づいて国の政治が行われること」です。緊急時においても「立憲主義」を守り、「独裁」を防ぐのが緊急事態条項です。

「立憲主義」とは、ひとことでいえば「憲法に基づいて国の政治が行われること」です。もう少し詳しくいえば、フランス人権宣言十六条にあるように、憲法によって「国民の権利を保障」し、「権力分立を確立」することです。さらに近代立憲主義のもとでは、「国民の政治参加」も求められるようになりました。

Q1で述べたとおり、**平時には平時の、緊急時には緊急時のルール**が必要であり、いずれの場合も、そのルールを憲法に明記しておかなければなりません。ですから、**立憲主義国家においては、イギリスのような不文憲法の国を除き、ほとんどの国で国家的な緊急事態に対処するための権限を憲法に明記**しています。Ｑ４で述べたように、一九九〇年以降に制定された一〇四か国の憲法にも、全て緊急権が規定されています。

憲法の定める統治機構は、本来、何事もない平和な時（平時）を前提としたものです。それゆえ、そのままの体制で国家的な危機を乗り切ることは困難です。そこで、世界中の国々が緊急事態条項を採用している訳ですが、もしそれがなかったらどうなるでしょうか。

もし憲法に緊急事態条項が定められていなければ、いざという時に、国民の生命と安全は保障されません。また、政府が国家的な危機を克服するためという名目で、憲法に定められていない権力、つまり「憲法違反の権力」を行使する恐れがあります。これこそ権力の暴走を招き、立憲主義を破壊するものではないでしょうか。

それゆえ、**国家権力の濫用と「独裁」を防ぎ、緊急事態においても立憲主義（憲法に基づく政治）を守るために、予め憲法の中に緊急事態条項を定めておく必要がある**わけです。

ドイツの代表的な憲法学者コンラート・ヘッセ教授も、「緊急事態に対して憲法に何等の措置も予定しない国は、一見立憲主義の原則に忠実であるかの如く見えて、実はその反対物に転落する危険性を含む」と述べています。

OFF
ON
平時には平時のルール。
非常時には非常時のルール。
国が一大事になったら憲法の
緊急事態条項（非常時のルール）
を スイッチ**オン**にするニャ！

Q 9

東日本大震災では、ガソリンや物資の不足による震災関連死が相次ぎましたが、今頃になって否定する声もあります。緊急事態条項があれば、これらの問題が解決した可能性はありますか？

A

震災関連死などなかったとする一部マスメディアの強弁は、当時の新聞報道や国の報告書をみれば、明らかに誤りです(注)。緊急事態条項があれば、もっと多くのいのちが救われたでしょう。

復興庁の「東日本大震災における震災関連死に関する報告」（平成二十四年八月）を見ると、震災関連死は一六三二人、その中には原因の一つとして「救急車を呼んだが、ガソリンがなく自力で運ぶよう要請があった」（三十二頁）と明記されています。同報告には、以下のような記述もあります。「一般病院（や施設）の機能停止が大きな死亡要因となった。長期間のライフラインの停止、物資や人の支援が遅れたため。背景にガソリン不足がある」（四頁）。

また、震災関連死を含め約一九〇〇人の犠牲者を出した仙台市の「東日本大震災　仙台市の被害状況」(平成二十四年十二月)でも、「迅速な対応を阻害した要因」の第一に「燃料の不足」があげられ「重油、ガソリン、軽油、灯油」「非常用発電、緊急車両・公用車・作業車の燃料、避難所の暖房のための燃料が払底」とあります。

さらに、厚生労働省の報告書「厚生労働省での東日本大震災に対する対応について」(平成二十四年七月)にも、「ガソリン不足による給油制限のため、発災後初期には医療品等の被災地への広域輸送や現地卸業者による医療機関等への搬送に支障が生じた」(十五頁)との記載があります。

このように、ガソリン不足が直接ないし間接の原因となって、多くの震災関連死が発生したであろうことは、様々な記録によって証明できます。

震災当時、ガソリンが不足し、緊急車両の運行まで支障が生じたことは、報道からも明らかでしょう。「緊急車両もガソリン不足」(読売三月十六日)、「ガソリン枯渇深刻」(河北新報三月十六日)、「緊急車両は優先的に給油できたものの、台数が多くて供給が追いつかない」(河北新報社『東日本大震災全記録』二〇九頁)などといった記事が、当時各所に見られました。

それ故、ガソリン不足も震災関連死もなかったなどという主張は明らかに誤りです。

東日本大震災では、せっかく災害対策基本法でガソリンや水・食糧などの生活必需物資の配給や取引の制限・禁止を認めているにもかかわらず、憲法上の根拠を欠くことから、現実には有効に機能しませんでした。逆に、Q5で述べたように、関東大震災の折には、憲法に定められた緊急命令によって、物資の調達や統制が行われ、多くのいのちが救われています。それ故、両者のケースを比較すれば、緊急事態条項の必要性について、これ以上言及する必要はないでしょう。

(注)百地「TBS『憲法』報道特集に異議」『産経新聞』平成二十八年五月十七日「正論」

Q10

世界のほとんどの憲法に緊急事態条項が設けられていると聞きました。初めに、ドイツ憲法ではどのようになっているのでしょうか？

A

ドイツでは、戦前の失敗を踏まえて、議会型の新しいタイプの緊急事態制度（合同委員会）を定めました。そしてこの委員会が全権を行使します。

ドイツでは、戦前の失敗を踏まえて、新しい形の緊急事態制度を採用しました。

Q４で述べたように、戦前のドイツ憲法（ワイマール憲法）では、大統領に強力な独裁的権力が与えられており、この緊急権が濫用されました。さらに全権委任法によってナチスの独裁を許してしまいました。その反省に立って、今度は大統領ではなく議会を中心にした新しいタイプの緊急事態制度を採用したわけです。つまり、**二度と行政権が暴走しないように、緊急事**

態においても、あくまで議会が権限を持つようにし、議会が行動できない時は、緊急時のためにつくられた小議会（合同委員会）が権限を行使するようにしました（注）。

すなわち、ドイツが外国から攻撃を受けた時は、連邦議会が防衛事態の確認を行いますが、もし議会が行動できない時は、緊急時のために設置された四十八名の両院議員で構成される「合同委員会」（五十三a条）が、連邦議会に代わって防衛事態を確認することにしました。そしてこの合同委員会が議会の権限を行使するわけです（百十五a条、百十五e条）。

合同委員会のメンバーは、各党を代表する連邦議会議員と連邦参議院議員から構成され、議長は連邦議会議長が兼任します。また、合同委員会のメンバーにはそれぞれ代理が置かれますから、いかなる事態でも集会は可能と考えられています。

そして、この合同委員会が、連邦議会と連邦参議院の持つ全ての権利つまり立法権、連邦政府に対する監督権、連邦総理大臣の選出権などを行使しますから、緊急事態の権限を行政権に委ねてしまう場合と異なり、より強力な民主的コントロールを期待することができます。

このような「緊急議会制度」は、ドイツ以外ではスウェーデンなど若干の国に見られるだけで、注目に値しますが、果たしてこれが有効に機能するかどうかは未知数でしょう。

また、**ドイツ憲法には大規模自然災害等の災害時のための条文も置かれており**、例えば重大な災害が発生した時は、州や連邦政府は、他の州の警察力や国境警備隊、さらに軍隊の出動を要請できます（三十五条）。

さらに、国家の存立が脅かされている場合や、伝染病の危険、自然災害や重大な災害事故に対処するため、「移転の自由」を制限することができます（十一条）。

（注）百地「緊急議会制度」『静岡大学法経研究』三十一巻三・四号

Q11

二〇一五年のパリ連続テロで注目されたフランスでは、憲法はどのようになっていますか？

A

憲法で大統領に強力な独裁的権力が与えられています。また、パリ連続テロでは「非常事態法」が適用されましたが、憲法違反との懸念を払拭するため、憲法に根拠規定を定める動きもありました。

一九五八年に制定された現在のフランス憲法は、大統領に強力な独裁的権力（緊急措置権）を与えています。それによれば、**大統領は「共和国の制度、国の独立、領土の保全」等が重大かつ直接脅かされている時には、「状況により必要とされる措置」をとることができます（十六条）**。また、閣議に基づいて、政府は「戒厳令」を布告することもできます（三十六条）。

この大統領の「緊急措置権」は、戦前のドイツ大統領の「緊急措置権」以上に極めて強力なものです。実際に発動されたのは、一九六一年のアルジェリア独立戦争の時だけですが、条文もかなりあいまいで、危険をはらんでいるように見えます。にもかかわらず、わが国の憲法学者で、緊急事態条項を採用することに強く反対している人々（それもフランス憲法の専門家たち）が、戦前のドイツを批判するだけで、フランス大統領の独裁的権力について触れたがらないのは不思議なことです。

　また、**憲法制定に先立って制定された非常事態法（一九五五年）では、緊急事態が宣言されると、地方長官や内務大臣の発する命令だけで、通行の禁止、滞在の禁止、居所の指定、劇場等の一時的閉鎖、さらに報道機関の規制が可能**です。また、内務大臣または地方長官の家宅捜索命令に基づき、昼夜を問わない家宅捜索さえ可能です。（注）

　二〇一五年十一月のパリ連続テロの際に、これらのさまざまな措置がとられたことは、新聞等で報道されたとおりです。しかしながら、わが国の憲法学者たちは、これもさほど問題にしませんでした。実に不思議な話です。

　それはともかく、この非常事態法は憲法制定以前に制定されたものであり、憲法上の根拠は明らかではありません。フランスの憲法院（憲法裁判所）は合憲としてきましたが、今回、憲法違反との懸念を払拭するために憲法を改正し、根拠規定を定めようとする動きもありました。

　このように諸外国では、時代の変化に合わせて憲法改正の議論が活発に行われています。

（注）矢部明宏「フランスの緊急状態法」『レファレンス』七四八号

憲法は国民を守るためにある。
国民を守るため、憲法を改正しよう！
そうだ！そうだ！

Q12

一九七〇年代から九〇年代に制定された、比較的新しい憲法の中には、大規模自然災害等に備える規定も見られると聞きましたが、どのような憲法がありますか？

A

例えば、スペイン憲法には自然災害や伝染病などに備えた規定があります。またポーランド憲法には自然災害事態、チリ憲法には「大災害事態」のための規定があります。（注）

一九七八年に制定されたスペイン憲法では、警戒事態、緊急事態および戒厳についての規定があります（百十六条一項）。その詳細は一九八一年の組織法で定められましたが、「警戒事態」とは、自然災害、衛生上の危機（伝染病など）、基礎的な共同体における物資不足、公共サービスの麻痺などがそれに当たります。また、「緊急事態」としては、広範なテロリズムなどにより、公共の秩序が脅かされ、通常の権力では対応できないような事態が想定されています。さらに、「戒厳」は、外国からの武力攻撃による独立や領土保全に対する侵害、内乱、革命、クーデタなどが相当します。

このうち、警戒事態は閣議決定により内閣が宣言し、下院の承認が必要です。また、緊急事態は、下院で事前の承認を得たのち、内閣がこれを宣言、戒厳は内閣のみが提案をすることができ、下院の絶対多数の賛成により宣言されます（憲法百十六条二〜四項）。さらに、「特別かつ緊急の必要がある場合」には、内閣は「緊急命令」を発することができます（憲法八十六条一項）。

ポーランド憲法（一九九七年）では、第十一章が「緊急事態」となっており、戒厳、緊急事態および自然災害について規定しています。このうち、「戒厳」は国の領土に対する武力攻撃があった場合、「緊急事態」は国家の憲法体制や公共の秩序に対する脅威がある時、「自然災害事態」は自然災害等があった場合を指します。

チリ憲法は一九八〇年に制定されましたが、**「例外事態」**は外国との戦争の場合、**「戒厳」**は内乱または重大な国内的騒擾《そうじょう》の場合、**「大災害事態」**は大規模な自然災害の場合、そして公共の秩序に重大な変更をもたらしたり、国の安全に重大な損害をもたらす場合を**「緊急事態」**としています。このうち、大災害事態は大統領によって宣言され、国民議会に報告されなければならないことになっています。

（注）西修「国家緊急事態条項の比較憲法的考察―特にＯＥＣＤ諸国を中心に」『日本法学』第八十二巻第三号（百地章教授古稀記念号）

緊急事態条項（非常時のルール）は世界では常識！
ウチにもあるよ
我が国にもあります
ウチも〜!!
うちにもありますよ
当然です!
あるよ〜
コッチもあるよ
緊急事態条項は、日本以外のほとんどの国にある！

Q13 緊急事態条項ができると、国家が暴走して独裁になるかもしれないと不安です。世界ではどのようにして権力の濫用を防いでいるのですか？

A 国家緊急権の発動の条件やその内容、期限等を予め憲法に明記しておくとともに、議会による民主的コントロールなどを定めています。

立憲主義国家においては、イギリスなどの不文法の国を除き、憲法の中に緊急事態条項を明記しています。なぜなら、国家緊急権の濫用を防ぐ第一の方法は、憲法自体に、緊急権の発動の条件や発動される権限の内容、さらにその期限を明確に定めておくことだからです。

もし緊急権が制度化されていない場合には、危機を克服するためという名目で、憲法に書かれていない権力つまり憲法違反の権力が行使され、権力が暴走する危険があります。

ドイツの代表的な憲法学者コンラート・ヘッセも「憲法は平常時においてだけでなく、緊急時や危機的状況にあっても真価を発揮しなければならない。憲法が危機を克服するための配慮をしていない時は、責任ある国家機関は、決定的瞬間において憲法を無視する挙に出るほかにすべはないのである」と述べています。

それゆえ、**国家（権力）の暴走や独裁を防ぎ、権力の濫用から国民とその人権を守るためにも緊急事態条項は不可欠**です。

反対派の中には、「超法規的措置」で対処すれば良いなどとうそぶく人もいますが、**「超法規措置」とは「憲法や法律を無視してしまうこと」**です。つまり、「権力の濫用」を容認することです。彼らは、一方では「権力を縛るのが憲法」といいながら、他方では「権力の暴走」を野放しにしてしまおうというのですから、矛盾も甚だしいといえるでしょう。

もう一つ、**緊急権の濫用を防止するために不可欠なのが、議会による民主的コントロール**です。それを徹底したのが、戦後のドイツといえるでしょう。これについては、前に（Q10）述べたとおりです。さらに、大統領に強力な緊急権（独裁的権力）を認めているフランスでは、二〇〇八年の憲法改正によって、憲法院（憲法裁判所）による統制を強化しています。

憲法に緊急事態条項がないんだから仕方ない。このまま、なし崩し的に**超法規的措置**で対処すればいいニャ！
混乱を利用して俺が天下をとってやるニャ！
わははははは

Q14

万が一、重大なテロが日本国内で起きた場合の法整備はどうなっていますか。また、エボラ出血熱やサーズ（SARS）など、日本は今の体制で感染のまん延を防ぐことはできるのでしょうか？

A

自衛隊法では「警護活動」が認められていますが、皇居、首相官邸、国会などは対象外です。本格的な法整備と憲法上の根拠規定が必要と思われます。

テロ対策の法律としては、二〇〇一年のアメリカにおける同時多発テロをきっかけに、国際社会が対テロ作戦を実施することになり、わが国でもこれを支援するために「テロ対策特別措置法」（平成十三年）が制定されました。しかし、すでに失効していますから、テロ対策のための特別の法律は、現在、存在しません。

自衛隊法では、テロ対策のための「警護出動」が認められており（八十一条の二）、重大なテロの恐れがある時には警護部隊を出動させることができます。しかし、**対象は自衛隊の施設と米軍基地に限定されており、皇居、首相官邸、国会等の国の重要施設や原発などは対象外です。**

二〇一五年のパリ連続テロを受けて、わが国でもテロ対策の強化・加速化に向けた取り組みがなされています。具体的には、情報収集・分析等の強化、水際対策の強化、重要施設・ソフトターゲット等に対するテロの未然防止のための警戒警備の強化などがあげられますが、いずれも重大テロを事前に防止しようとするもので、それだけでは不十分です。**万一、重大なテロが発生した場合、如何にして効果的にテロを鎮圧し、国民の生命と安全を確保するか、そのための法律や憲法改正が必要ではないでしょうか。**

また、わが国では、**「新型インフルエンザ等対策特別措置法」（平成二十四年）**が制定されており、**新型インフルエンザ等が発生した場合には、緊急事態宣言を発し、まん延の防止や医療体制の確保のための措置をとったりすることができます。**

さらに、医薬品等の売り渡し要請に応じない者の物資を収用したり（五十五条二項）、国会が集会できない時には、金銭債務支払い延期のための政令〔緊急政令〕を発することも可能です（五十八条一項）。それ故、感染防止のための法律は一応整備されていますが、実際の効果はわかりません。また、物資の収用や緊急政令にしても、憲法で保障された権利や自由を政令でもって制限しようとしているわけですから、災害対策基本法のケースと同じように、いざ適用しようとすれば、憲法違反の声があがる心配があります。

国会
皇居
守れるのは自衛隊施設と米軍基地だけ。皇居や首相官邸、国会、原発などは対象外。なんてこった！

Q15

新型コロナウイルスも、わが国では「自粛要請」によって感染拡大を防ぎました。憲法上の規定がなくても、パンデミック（大流行）に対応できるのではありませんか？

A

将来、もし毒性と感染力の強い感染症がまん延した場合は、「外出禁止」や「休業命令」なども考えられます。その場合、違憲の疑いを避けるため、憲法に根拠規定を置く必要があります。

今回、まずとられたのは「外出」やイベントの「自粛要請」でした。その後、商業施設などに対して「休業要請」がなされました。

しかし、これらはいずれも「命令」ではないため、強制力も罰則もありません。そのため何度「要請」を受けても休業しないパチンコ店や、知事らの度重なる「要請」を無視して強行された格闘技の大型イベントなどもありました。また、クラスター（集団感染）が発生した飲食店でも、休業を強制することはできませんでした。

しかし、**将来、毒性も感染力も強い感染症が爆発的に拡大した場合には、強制的に外出を「禁止」したり、飲食店等の営業を「禁止」したりしなければならない場合も出てくるでしょう。**

その場合、特措法を改正しただけでは、憲法違反の声があがり、実施できなくなる恐れもあります。なぜなら、「公共の福祉」だけでは「移動の自由」（憲法二十二条一項）や「営業の自由」（憲法二十二条一項、二十九条一項）を禁止することはできない、と考えられているからです。

また、休業に伴う「損失補償」（二十九条三項）の問題も生じることでしょう。さらに、毒性と感染力の強い感染症が全国にまん延した場合には、次のような事態も起こりえます。

第一は、危機を乗り切るために、新たに法律を制定しようとしても、国会議員の移動が制限されているため、**全国から国会議員が国会に集結できないとき**です。このような場合は、どうしたらよいのでしょうか。

国会の定足数は「総議員の三分の一以上」と憲法で定められています（憲法五十六条一項）から、法律で変更することはできません。それ故、**憲法の中に、緊急時の特例を定めておく必要**があります。また、定足数どころか、**そもそも国会が開けないような場合**もあります。このような場合には、Q3で紹介した**「緊急政令」の制度を憲法に定めておき、内閣が一時的に国会に代わって立法を行い、後日、国会の承認を求める**という方法もあります。

第二に憲法に定めておくしかないのが**国会議員の任期の特例**です。例えば衆議院の解散中や衆参両院議員の任期満了前に感染症のパンデミックが発生して、総選挙や通常選挙を実施することができない場合には、どうすれば良いのでしょうか。

この点、地方議員の任期については、法律で特例を定めることができます。しかし、国会議員の任期は憲法で定められていますから、法律で特例を認めるわけにはいきません。だから、憲法に特例を定めておく必要があります。

Q16

世界では、都市封鎖（ロックダウン）が行われた国も少なくありません。各国の対応と日本の対応にはどのような違いがあったのでしょうか？

A

わが国では法律上、外出の「自粛要請」はできますが、都市封鎖などの強硬措置はとれません。しかし万一に備えて、欧米諸国並みの法制度の整備も必要ではないでしょうか。

わが国では外出の「自粛要請」や商業施設への「休業要請」だけで、国民の七割が外出を控え、商業施設が自主休業をしました。したがって国民性の違いもあり、欧米各国のように都市封鎖まで考える必要はないかもしれません。

それに以下で述べるように、欧米各国では非常に厳しい措置をとったにもかかわらず、多くの死者が出ました。九月二十二日現在、アメリカでは約二十万人、イタリアは約三万六千人、フランスも約三万人も死亡しています。

これに対して、わが国の死者はわずか一五〇〇人にとどまっています。その理由として、高度な医療水準と徹底したクラスター対策、国民の衛生観念の強さとマスクの着用や手洗いの習慣、三密の回避などがあげられます。したがって、欧米のように、やみくもに強硬措置をとれば良いということにはならないでしょう。

典型的な都市封鎖を行ったのは、イタリアです。**イタリアでは、憲法（七十七条二項）に基づいて、「緊急命令」を制定、まず「感染区域から域外への移動禁止・商業活動の停止」を命じ、次に「罰則付きの外出制限や小売業の営業停止」命令**を出しました。

危機管理の要諦は「最大の危機に備え、まず厳しく」と言われます。この格言通り、イタリアでは真っ先に「感染区域から域外への移動の禁止と商業活動の停止」、つまり都市封鎖を行いました。次に行ったのが、都市内での「外出禁止と商業施設の営業停止」です。ちなみに、**イタリア憲法十六条は、「衛生上の理由による移動の自由の制限」**を認めています。

次にフランスですが、**フランス憲法**では、Ｑ11で述べたように、**大統領に独裁的な緊急権**が認められています（十六条）。ただし**今回、フランス政府は**憲法ではなく、**公衆衛生法という法律に基づいて政令を制定**し、**罰則付きで外出の原則禁止や食料品店、薬局など以外の商店の一時閉鎖**を行いました。

また**アメリカでも、憲法上、大統領に強大な緊急権**が認められています。他の成文憲法国のように、条文上、明確な「緊急事態条項」はありませんが、**大統領は「軍の最高指揮官」（コマンダー・イン・チーフ）であり、「固有の行政権」**が与えられていますから、**国家の危機に際しては「必要な緊急権」を行使**することができると解されています。

ただし、**今回は、トランプ大統領が、国家緊急事態法に基づいて「公衆衛生上の国家緊急事態」を宣言**し、実際には**各州知事が、州法に基づいて罰則付きの自宅待機命令**などを発しました。

これらの例を参考に、わが国でも万一、強毒性の感染症がまん延した場合など、例外的な外出の禁止や休業命令、それに罰則などの法整備を考える必要があるのではないでしょうか。

Q17 今のまま、もし首都直下型大地震や南海トラフ巨大地震が起こっても、大丈夫でしょうか？

A

首都直下型大地震の死者は約二万三千人、全壊・焼失家屋が約六十一万棟。南海トラフ巨大地震の死者は約三十二万人、被害総額二～三百兆円といわれます。それ故、緊急事態条項の創設が急がれます。

平成二十五年十二月、中央防災会議（会長は内閣総理大臣）のワーキンググループが「首都直下地震の被害想定と対策について」と題する「最終報告」を発表しました。その中で、地震発生直後の対応（おおむね十時間）は「国の存亡に係《かかわ》る」としています。「国の存亡に係る」との表現は、尋常ではありません。

最終報告書によれば、M7クラスの首都直下型地震が発生した場合、死者は約二万三千人、全壊・焼失家屋が約六十一万棟、被害額も約九十五兆円に及ぶといいます。

そのような**M７クラスの「国家の存亡」に係る首都直下型地震が起きる確率は、今後三十年以内に七十%の確率**と言われていますが、東日本大震災後、発生の確率は確実に高まっており、京都大学の藤井聡教授（内閣官房参与）によれば今後「八年以内に百%起きる！」（『週刊文春』平成二十五年二月七日号）とのことです。

これは過去二千年の統計に基づくもので、**藤井教授によれば三陸沖を震源地とするM８以上の巨大地震は過去に四例ありましたが、いずれもその前後十年間に必ず関東地方で直下型の巨大地震が発生**しています。

最初の例は、平安時代初期に起こった貞観《じょうがん》の三陸沖地震ですが、その九年後に相模・武蔵地震が起こっています。四例目の大正十二年の関東大震災の時には、そのちょうど十年後の昭和八年に昭和三陸地震が発生しました。それ故、統計的に言えば、首都直下型大地震はもう目前に迫っているといっても過言ではありません。

また、首都直下型地震と比べれば「発生頻度は低い」といわれますが、「南海トラフ巨大地震」（M９級）が発生した場合には、最悪、全国三十県で約三十二万人が死亡、住宅や生産設備、社会インフラなどの実質的被害は二〜三百兆円と試算されています。

このような大規模自然災害が発生し、もし、国会が集会できないような大混乱が生じた場合には、どうしたら良いのでしょうか。新しく法律をつくろうとしても、それができないわけです。それ故、このような緊急事態に備えるために、「緊急政令」制度の創設が急がれます。

Q18

緊急事態の際には、権限を国家に集中させるよりも、現場をよく知っている地方自治体の首長などに任せた方が良いという意見があります。

A

緊急事態に効果的に対処するためには、「国か地方か」ではなく、「国にも地方にも」権限を与える必要があります。

災害対策基本法では、中心的な役割を果たすのが市町村長です。したがって、現場に詳しい自治体の首長にもっと権限を与えた方が効果的では、との主張はよく理解できます。

先の東日本大震災の折にも、住民の強制避難等のために、自治体首長にもっと強い権限が与えられていれば、犠牲者を減らすことができたかもしれません。また、そのような自然災害の発生に備えて、地方により多くの権限や財源を与えたり、各種規制緩和を認めるといったことも考えられるべきでしょう。

しかし、先の大震災では、大津波によって市町村が消滅してしまったり、市町村長が死亡・行方不明となってしまったケースもありました。このような場合には、いくら市町村長の権限を強化しても、役に立ちません。そこで、災害対策基本法では、市町村が機能しない時は、当該都道府県の知事が市町村長に代わって権限を行使することになっています（七十三条）。

さらに、**自然災害が県を超えて、より広域地方にまで及んだ場合、つまり自治体だけで対処できない場合には、国が中心となって対策を講じるしかありません**。先に述べた、災害対策基本法上の「災害緊急事態の布告」（百五条）は、まさにそれであって、国が総力をあげて支援するケースです。そのような場合に備えて、国の権限を強化しておく必要があります。

東日本大震災の被災地からは、「憲法の緊急事態条項よりもむしろ被災地に権限を」といった首長らの声が寄せられた、とのアンケート結果もあるようです。しかし、以上述べたことから明らかなように、**災害の規模に応じて、「国か地方か」という事ではなく、「国にも地方にも」と考えるべきでしょう。**（注）

ちなみに、「法律か憲法か」という問いかけもありますが、これについても、法律で対処できる場合もあれば、憲法に規定しておかなければ対処出来なかったり対応が困難な場合もあります。したがって**「法律にも憲法にも」というのが正しい解答**であるといわざるを得ません。

（注）百地「熊本地震　次なる大災害に備え、緊急事態条項の創設を！」『月刊正論』平成二十八年七月号

自治体のトップである
市長も副市長らも皆
亡くなってしまった！
あーどうしたらいいんだ！

Q19

自民党の憲法草案（平成二十四年）が槍玉にあげられることがありますが、これをどのように評価すべきでしょうか。また、一体、どこが問題なのでしょうか？

A

自民党の憲法改正案（平成二十四年）は、多少「エッジ（切れ味）を利かせた」野党時代のものです。しかし、仮に問題があるとしても緊急事態条項そのものが危険で不要ということにはなりません。

自民党の「日本国憲法改正草案」（**資料①**）は、平成二十四年に発表されましたが、これは野党時代のもので、少しエッジを利かせたものであるといった説明もされています。しかも、安倍首相も言っていたように、あくまで「たたき台」です。

この草案に対しては、反対派からの批判ばかりが目につくような気がします。しかし、**日本国憲法にない緊急事態条項を加えたこと**、さらに**その内容として「緊急政令」を定めるにとど**

め、「戒厳」や戦前のドイツおよびフランスの大統領のような「独裁的権力」を認めなかった点は、評価すべきです。

　この改正案をもって「首相の独裁」や「全権委任状」を認めたものなどといった批判をする人がいますが、何もわかっていない証拠です。なぜなら、これまで述べてきたように、国会が集会できないような国家的緊急事態に限って、内閣が一時的に立法権を行使し、後日、国会の承認つまり民主的コントロールを受ける「緊急政令制度」と、戦前ドイツやフランス大統領の無制限に近い「独裁的権力」とは雲泥の差があるからです。それゆえ、これらの批判は無責任なデマやレッテル貼りにすぎません。

　とはいうものの、問題がないわけではありません。例えば、**国会が開会中であっても緊急政令を発することができるようになっている点は疑問**です。また、**基本的人権の制限**にしても、**法の下の平等、奴隷的拘束の禁止、思想良心の自由、表現の自由その他の人権は「最大限に尊重されなければならない」とあるだけですが、これでは人権侵害に対する歯止めとなりません。**さらに、緊急事態の宣言、国会の承認、宣言の解除、緊急政令の発令、国民への指示など、すべて「法律の定めるところ」に委ねていますが、これでは国会のやりたい放題ではないかといった批判を免れることはできないでしょう。

自民党草案は
あくまで「たたき台」。
何事もたたき台がないと
進まないニャ!
これから議論を深めて
いくためのものニャ。

Q20

自民党は、平成三十年三月、緊急事態条項についても新しい改憲草案（たたき台素案）をまとめました。これはどのようなものですか？

A

国会が法律を制定することができないとき、内閣が「緊急政令」を発し、後で国会の承認を受ける制度です。これは「戒厳」や「独裁的権力」とは無関係です。

さまざまな緊急事態条項がある中で、国会が閉会中などで機能しない時、内閣が一時的に立法権を行使し、後で国会による民主的コントロールを行う「緊急政令」は、最もわかりやすい制度です。

この緊急政令が、現在でもオーストリア、スペイン、イタリア、スウェーデン、台湾など各国で活用されていることは、Ｑ３等で紹介しました。

緊急事態条項の必要性を認めつつ、憲法改正に反対する人々が主張しているのは、「すべて法律で対処すれば良い」というものでした。しかしながら、国会が開けないような緊急事態が発生した場合には、どうすれば良いのでしょうか。

それに対する答えがこの「緊急政令」の採用です。

それに、このような制度であれば、「独裁的権力」の行使といった類の非難を回避することができます。

また、緊急事態条項イコール「戒厳」などといって不安がらせる人もいますが、これも完全にデマです。緊急政令は「戒厳」などと無関係ですから。

それに、**緊急政令は、現在でも災害対策基本法などの法律で認められており、これを憲法上の制度に格上げするだけ**ですから、賛成が得られやすいのではないでしょうか。

ただし、「たたき台素案」には疑問もあります（参照、**資料②③**）。一つは、緊急事態の「対象」です。**素案では「大地震その他の異常かつ大規模な災害」**となっていますが、**拡大解釈を防ぐため、「大地震その他の異常かつ大規模な自然災害」に限定**すべきでしょう。他方**「悪性の感染症のまん延」も対象とすべき**です。

第二は、**「国会による法律の制定を待ついとまがないと認める特別の事情があるとき」を「国会が集会できないとき」に限定すべき**です。この点、明治憲法でも「帝国議会閉会ノ場合」に限られていました（第八条）。

第三に、たとえ緊急事態でも、国際人権規約（Ｂ規約）では人種・性・宗教などによる差別や生命の権利、思想・良心・宗教の自由などは、制限してはならないことになっています（四条）。それ故、**一時的な人権の制約は、財産権、職業選択の自由、居住・移転の自由などの経済的自由に限定し、表現の自由等の精神的自由の制約は認めないようにすべき**です。

また、「たたき台素案」では、たまたま緊急事態の発生時に国会議員の任期が終了する場合などの特例についても、法律で定めることになっています。

これは、地方議員と異なり、国会議員については、法律だけで任期や選挙期日についての特例を定めることはできないからです。そこで、その根拠規定を憲法に定めました。この点については、野党にも賛成の声があります。

関連資料

資料① 自民党改正案（平成二十四年）

（傍線は引用者、以下同じ）

（緊急事態の宣言）

第九十八条 内閣総理大臣は、我が国に対する外部からの武力攻撃、内乱等による社会秩序の混乱、地震等による大規模な自然災害その他の法律で定める緊急事態において、特に必要があると認めるときは、法律の定めるところにより、閣議にかけて、緊急事態の宣言を発することができる。

2 緊急事態の宣言は、法律の定めるところにより、事前又は事後に国会の承認を得なければならない。

3 内閣総理大臣は、前項の場合において不承認の議決があったとき、国会が緊急事態の宣言を解除すべき旨を議決したとき、又は事態の推移により当該宣言を継続する必要がないと認めるときは、法律の定めるところにより、閣議にかけて、当該宣言を速やかに解除しなければならない。また、百日を超えて緊急事態の宣言を継続しようとするときは、百日を超えるごとに、事前に国会の承認を得なければならない。

4 第二項及び前項後段の国会の承認については、第六十条第二項の規定を準用する。この場合において、同項中「三十日以内」とあるのは、「五日以内」と読み替えるものとする。

（緊急事態の宣言の効果）

第九十九条 緊急事態の宣言が発せられたときは、法律の定めるところにより、内閣は法律と同一の効力を有する政令を制定することができるほか、内閣総理大臣は財政上必要な支出その他の処分を行い、地方自治体の長に対して必要な指示をすることができる。

2　前項の政令の制定及び処分については、法律の定めるところにより、事後に国会の承認を得なければならない。

3　緊急事態の宣言が発せられた場合には、何人も、法律の定めるところにより、当該宣言に係る事態において国民の生命、身体及び財産を守るために行われる措置に関して発せられる国その他公の機関の指示に従わなければならない。この場合においても、第十四条、第十八条、第十九条、第二十一条その他の基本的人権に関する規定は、最大限に尊重されなければならない。

4　緊急事態の宣言が発せられた場合においては、法律の定めるところにより、その宣言が効力を有する期間、衆議院は解散されないものとし、両議院の議員の任期及びその選挙期日の特例を設けることができる。

資料②　自民党たたき台素案（平成三十年）

（両院議員の任期の特例）

第六十四条の二　大地震その他の異常かつ大規模な災害により、衆議院議員の総選挙又は参議院議員の通常選挙の適正な実施が困難であると認めるときは、国会は、法律で定めるところにより、各議院の出席議員の三分の二以上の多数で、その任期の特例を定めることができる。

（※国会の章の末尾に特例規定として追加）

（緊急政令）

第七十三条の二　大地震その他の異常かつ大規模な災害により、国会による法律の制定を待ついとまがないと認める特別の事情があるときは、内閣は、法律で定めるところにより、国民の生命、身体及び財産を保護するため、政令を制定することができる。

2　内閣は、前項の政令を制定したときは、法律で定めるところにより、速やかに国会の承認を求めなければならない。
（※内閣の事務を定める第七十三条の次に追加）

資料③　憲法改正百地試案・骨子（令和２年）

憲法第七十三条（内閣の職権）…現行どおり

憲法第七十三条の二（緊急事態宣言、緊急政令）

一項「大地震その他の大規模自然災害の発生又は毒性の強い感染症のまん延によって国会が集会できないときは、国民の生命と安全を守るため、内閣は緊急事態を宣言したうえで、法律の定めるところにより緊急政令を制定し及び緊急財政処分を行うことができる。ただし、憲法第二十二条一項（居住・移転・職業選択の自由）および第二十九条一項（財産権の不可侵）の必要かつ合理的な制約を除き、国民の権利及び自由を制限してはならない」

二項「内閣は、前項の政令を制定し及び緊急財政処分を行ったときは、国会の集会後、速やかにその承認を得なければならない」

憲法五十六条（本会議の定足数、表決）

一項…現行通り

二項「七十三条の二の緊急事態については、法律の定めるところにより、定足数の例外を認めることができる」

憲法四十五条（衆議院議員の任期）

一項…現行通り

二項「第七十三条の二の定める緊急事態が発生し、衆議院議員の総選挙の適正な実施が困難であると認めるときは、国会は、各議院の出席議員の三分の二以上の多数で、その任期の特例を定めることができる」

憲法四十六条（参議院議員の任期）

一項…現行通り

二項「第七十三条の二の定める緊急事態が発生し、参議院議員の通常選挙の適正な実施が困難であると認めるときは、国会は、前条二項を準用し、その任期の特例を定めることができる」

資料④　災害対策基本法（抜粋）

第六十四条（災害を受けた物件の除去）

2　市町村長は、当該市町村の地域に係る災害が発生し、又はまさに発生しようとしている場合において、応急措置を実施するため緊急の必要があると認めるときは、現場の災害を受けた工作物又は物件で当該応急措置の実施の支障となるもの（以下この条において「工作物等」という）の除去その他必要な措置をとることができる。この場合において、工作物等を除去したときは、市町村長は、当該工作物等を保管しなければならない。

第百五条（災害緊急事態の布告）

非常災害が発生し、かつ、当該災害が国の経済及び公共の福祉に重大な影響を及ぼすべき異常かつ激甚なものである場合において、当該災害に係る災害応急対策を推進し、国の経済の秩序を維持し、その他当該災害に係る重要な課題に対応するため特別の必要があると認めるときは、内閣総理大臣は、閣議にかけて、関係地域の全部又は一部について災害緊急事態の布告を発することができる。

第百七条（緊急災害対策本部の設置）

内閣総理大臣は、第百五条の規定による災害緊急事態の布告があつたときは、当該災害に係る緊急災害対策本部が既に設置されている場合を除き、第二十八条の二の規定により、緊急災害対策本部を設置する。

第百九条（緊急措置）

災害緊急事態に際し国の経済の秩序を維持し、及び公共の福祉を確保するため緊急の必要がある場合において、国会が閉会中又は衆議院が解散中であり、かつ、臨時会の召集を決定し、又は参議院の緊急集会を求めてその措置をまついとまがないときは、内閣は、次の各号に掲げる事項について必要な措置をとるため、政令を制定することができる。

一　その供給が特に不足している生活必需物資の配給又は譲渡若しくは引渡しの制限若しくは禁止

二　災害応急対策若しくは災害復旧又は国民生活の安定のため必要な物の価格又は役務その他の給付の対価の最高額の決定

三　金銭債務の支払（賃金、災害補償の給付金その他の労働関係に基づく金銭債務の支払及びその支払のためにする銀行その他の金融機関の預金等の支払を除く）の延期及び権利の保存期間の延長

（略）

4　内閣は、第一項の規定により政令を制定したときは、直ちに、国会の臨時会の召集を決定し、又は参議院の緊急集会を求め、かつ、そのとつた措置をなお継続すべき場合には、その政令に代わる法律が制定される措置をとり、その他の場合には、その政令を制定したことについて承認を求めなければならない。

5　第一項の規定により制定された政令は、既に廃止され、又はその有効期間が終了したものを除き、前項の国会の臨時会又は参議院の緊急集会においてその政令に代わる法律が制定されたときは、その法律の施行と同時に、その臨時会又は緊急集会においてその法律が制定されないこととなつたときは、制定されないこととなつた時に、その効力を失う。

資料⑤　改正新型インフルエンザ等対策特別措置法（抜粋）

第一条（目的）

この法律は、（略）新型インフルエンザ等の発生時において国民の生命及び健康を保護し、並びに国民生活及び国民経済に及ぼす影響が最小となるよ

うにすることを目的とする。

第十八条（基本的対処方針）

政府対策本部は、政府行動計画に基づき、新型インフルエンザ等への基本的な対処の方針を定める。

第三十二条（緊急事態宣言）

政府対策本部長は、新型インフルエンザ等が国内で発生し、その全国的かつ急速なまん延により国民生活に甚大な影響を及ぼ〔す〕（略）事態が発生したと認めるときは、新型インフルエンザ等緊急事態宣言をし、並びにその旨（略）を国会に報告する。

第四十五条（都道府県知事の権限）

特定都道府県知事は、新型インフルエンザ等緊急事態において、新型インフルエンザ等のまん延を防止し、国民の生命及び健康を保護し、並びに国民生活及び国民経済の混乱を回避するため必要があると認めるときは、当該特定都道府県の住民に対し、（略）みだりに（略）外出しないこと（略）を要請することができる。

2　都道府県知事は、（略）学校、社会福祉施設、興行場（略）に対し、当該施設の制限若しくは停止又は催物の開催の制限若しくは停止（略）措置を講ずるよう要請することができる。

著者略歴

百地 章（ももち あきら） **国士舘大学特任教授**

昭和21年生まれ。静岡県出身。京都大学大学院法学研究科修士課程修了。愛媛大学教授、日本大学教授を経て現職。日本大学名誉教授。京都大学博士（法学）。著書に『「人権擁護法」と言論の危機』『改訂版　外国人の参政権問題Q＆A』『「憲法9条と自衛隊明記」Q＆A』（明成社）、『憲法の常識　常識の憲法』（文春新書）、『憲法と日本の再生』『靖国と憲法』『政教分離とは何か』『憲法と政教分離』（成文堂）など。比較憲法学会名誉理事（元理事長）。民間憲法臨調事務局長。産経新聞「正論」執筆メンバー。美しい日本の憲法をつくる国民の会幹事長。第34回産経新聞「正論大賞」受賞。

増補改訂版　緊急事態条項Q&A
――新型コロナウイルス対応でわかった
日本国憲法の非常識

令和二年十一月十日　改訂版第一刷発行

著者　百地 章
発行者　田尾 憲男
発行　株式会社明成社
〒一五四―〇〇〇一
東京都世田谷区池尻三―二一―二九―三〇二
電話　〇三（三四一二）二八七一
ＦＡＸ　〇三（五四三一）〇七五九
https://meiseisha.com
印刷所　モリモト印刷株式会社
乱丁・落丁は送料当方負担にてお取替え致します。

ISBN978-4-905410-62-1 C0032